LE BOUQUET DU ROI,

CHANSONS ET RONDES

CHANTÉES AUX CHAMPS-ÉLYSÉES,

POUR

LA FÊTE DE SA MAJESTÉ,

Le 25 Août 1821.

PARIS.

C. BALLARD, IMPRIMEUR DU ROI,
ET DE LA PRÉFECTURE DU DÉPARTEMENT DE LA SEINE,
Rue J.-J. Rousseau, n°. 8.

1821.

T'EN SOUVIENS-TU?

SOUVENIR FRANÇAIS.

Air : *Dis-moi, soldat, dis-moi, t'en souviens-tu ?*

Dans tous les cœurs que l'alégresse brille !
De notre Roi c'est la fête aujourd'hui.
Que lui donner ? Des portraits de famille ;
C'est un bouquet vraiment digne de lui.
Oui, des Bourbons que ma plume retrace
La noble ardeur, la bonté, la vertu,
Tels son les traits de leur auguste race,
Dis-moi, Français, dis-moi, t'en souviens-tu ?

Quel est ce Roi plein d'une ardeur guerrière,
Qui boit, combat, et chante en troubadour ?
De la beauté, s'il suivit la bannière,
Toujours son peuple eut son premier amour.
Par sa valeur, maître de son Royaume,
Henri pardonne au ligueur abattu,
On le bénit jusque sous l'humble chaume,
Dis-moi, Français, dis-moi, t'en souviens-tu ?

Mais quel Monarque, orgueil de notre histoire,
De l'univers attire les regards ?
Son bras guerrier commande à la victoire,
Et dans la paix, c'est le dieu des beaux-arts.
Louis-Quatorze est noble, grand et juste,
De vingt lauriers son front est revêtu ;
Ce Roi nous rend le beau siècle d'Auguste.
Dis-moi, Français, dis-moi, t'en souviens-tu ?

Son successeur, de son peuple et des belles,
Reçoit le nom si doux de Bien-Aimé ;
Pour Louis-Quinze il n'est point de rebelles,
Par le plaisir son règne est animé.
Mais sur l'Escaut j'entends l'airain qui tonne,
A Fontenoy, Louis est accouru ;
Au myrthe il joint le laurier de Bellonne,
Dis-moi, Français, dis-moi, t'en souviens-tu ?

Je vois un Roi qui, n'aimant que la France,
Du laboureur adoucit les impôts,
Qui fait régner la sainte tolérance,
De la corvée abolit les travaux.
Sur le Jura la servitude pèse,
A ses forêts le bonheur est rendu...
Tant de bienfaits sont dus à Louis-Seize,
Dis-moi, Français, dis-moi, t'en souviens-tu ?

Digne Héritier de ces quatre Monarques,
Louis-Dix-Huit, Père de ses sujets,
De ses vertus nous a donné des marques;
Je vois ses jours comptés par ses bienfaits.
La liberté, que le Français désire,
Et pour laquelle il a tant combattu,
La liberté, sous son règne respire,
Dis-moi, Français, dis-moi, t'en souviens-tu?

M. J.-A. Jacquelin, *Convive et Secrétaire du Caveau Moderne.*

LE TAMBOUR

ET

LE TAMBOURIN.

Air : *Je suis le Petit Tambour.*

Les tambours, les tambourins,
Secondant notre alégresse,
Aujourd'hui, doivent sans cesse
Accompagner nos refrains.

Tandis qu'au son de la caisse,
Le guerrier jure en ce jour,
Pour ce Roi plein de sagesse,
De prouver tout son amour,
Plus d'un joyeux troubadour,
Des chants de notre tendresse,
Fera retentir les bois
Et les échos villageois.

Les tambours, etc.

Des Bourbons, illustre race
Faut-il chanter vos exploits,
Le tambour est à sa place
Pour accompagner nos voix.
Veut-on chanter à la fois
L'esprit, la bonté, la grâce,
Le tambourin, à son tour,
Peut-être admis à la Cour.

Les tambours, etc.

Le Roi sort; sur son passage
Chacun sait, en tous les tems,
Pour lui rendre un juste hommage
Que le tambour bat aux champs.
Que Louis, quelques instans,
S'arrête dans un village,
Le tambourin va, ma foi,
Battre a son tour pour le Roi.

Les tambours, etc.

D'une famille si chère,
Pour vanter tous les beaux traits,
Moi, je crois qu'on ne peut faire

Chez nous trop de bruit jamais.
Quand ses modestes bienfaits
Cherchent toujours le mystère,
Au son de nos instrumens
Proclamons-les en tout tems.

Le tambour, etc.

En France, mainte victoire
S'obtient avec leurs secours ;
Le tambour sert bien la gloire,
Le tambourin les amours.
Ainsi, dès ses premiers jours,
Chacun d'eux, on peut m'en croire,
Amis, doit être chéri,
Par notre nouvel Henri.

Les tambours, etc.

Quand on célèbre la fête
D'un monarque respecté,
Le tambour marche à la tête
De maint cortège vanté ;
Avec franchise et gaîté,

Quand c'est un Père qu'on fête,
Le tambourin a ses droits.
Vous voyez donc qu'à la fois,

Les tambours, les tambourins,
Secondant notre alégresse,
Aujourd'hui, doivent sans cesse
Accompagner nos refrains.

M. OURRY, *Convive du Caveau Moderne.*

RONDE NOUVELLE.

Air : *C'est l'amour, l'amour, l'amour !*

C'est le Roi, le Roi, le Roi,
  Qu' tout l' monde
  Chante à la ronde ;
Pour fêter le Roi, le Roi,
Chacun s'unit à moi.

Dans c' beau jour chacun veut s'ébattre,
Tous les cœurs sont épanouis,
Et sur l'air de vive HENRI-QUATRE
On célèbre le bon LOUIS.
  Tous les chants qu'on entonne
  Ont p't êt' ben quenq's défauts,
  Si plus d'eun' voix détonne,
  Les cœurs ne sont pas faux.

C'est le Roi, le Roi, le Roi, etc.

Je vois dans les Champs-Élysées
Des lurons boire à qui mieux mieux,
Et qui reportent leurs pensées
Vers le Roi qui les rend heureux.

Je vois tous ces bons drilles
S'offrir par bataillons,
Pour faire aux jeunes filles
Secouer leurs cotillons.

C'est le Roi, le Roi, le Roi, etc.

Un jeune homme, en chantant, s'écrie :
» Je n'irai plus m' fair' casser l' cou,
» Loin de ma mère et d' ma patrie,
» Je n' sais pour qui, je ne sais où ;
   » Mais faut-il pour la France,
   » Faut-il, pour notre Roi,
   » Donner mon existence,
   » Ils peuv' compter sur moi ! »

C'est le Roi, le Roi, le Roi, etc.

Par un doux retour de jeunesse,
Reporté vers ses premiers ans,
Le vieillard fredonne d' tendresse
En s' rapp'lant ses Princ' bienfaisans.

Il reçut la lumière
Sous un Roi juste et bon,
Et du moins sa carrière
Finit sous un BOURBON.

C'est le Roi, le Roi, le Roi, etc.

Quel miracle! je n' vois plus d' trace
De dispute et d' mauvaise humeur;
L' créancier, sans fair' la grimace,
Tend la main à son débiteur.
  L'époux ranim' la flamme
  D' son amour amorti,
  Avec plaisir la femme
  Embrasse son mari.

C'est le Roi, le Roi, le Roi, etc.

On joint le nom de CAROLINE,
Et celui du fruit d' son amour,
Au nom que la bonté divine
Nous permet d' fêter en ce jour.
  Comme en tous lieux on aime
  La veuve de BERRI!

On l'aimerait *quand même*....
On n' lui d'vrait pas HENRI.

C'est le Roi, le Roi, le Roi, etc.

Qui pourrait avoir le cœur triste ?
J'entends chanter le paysan,
Et le militaire et l'artiste,
Le magistrat et l'artisan.
　Pas un français qui n' chante,
　Jusques au médecin,
　Dont le malade tente
　D' répéter ce refrain :

C'est le Roi, le Roi, le Roi,
　Qu' tout l' monde
　Chante à la ronde ;
Pour fêter le Roi, le Roi,
Chacun s'unit à moi.

　　M. J.-A. JACQUELIN, *Convive et*
Secrétaire du Caveau Moderne.

LE ROI, LONG-TEMS,
LES BOURBONS, TOUJOURS.

Air : *Mon systéme est d'aimer le bon vin*,

ou

Tique, tique tac, et tin, tin, tin.

Par nos chants d'amour
    Fêtons ce jour,
    De l'année
    Époque fortunée.
Vivent dans nos cœurs, dans nos discours,
Le Roi long-tems, les Bourbons toujours !

De la plus auguste des familles
Aujourd'hui Louis est entouré,
C'est un fils, ce sont de tendres filles
Que je vois près d'un père adoré.

    Par nos chants d'amour, etc.

Que par vous des fleurs lui soient données,
Mère d'Henri, si chère à nos cœurs,

Vous que l'on vit sur nos destinées
En automne encor semer des fleurs.

  Par nos chants d'amour, etc.

Jeune Enfant, espoir de la Couronne,
Tu remplis nos cœurs d'un feu nouveau,
Tour-à-tour nous chantons près du Trône,
Et nous chantons près de ton berceau.

  Par nos chants d'amour, etc.

Il faut que notre HENRI se signale,
Et qu'il offre un bouquet peu commun ;
Dans ses mains placez la Fleur Royale ;
Louis verra deux Lis au lieu d'un.

  Par nos chants d'amour, etc.

Pour que la gaîté soit générale,
Si Louis, comblant nos vœux soudain,
Aujourd'hui parcourt sa capitale,
Il entendra sur tout le chemin :

  Par nos chants d'amour, etc.

Aisément Paris et les provinces
Sur ce point s'accordent en tout tems,
Dans notre France on aime ses Princes,
Ainsi que l'on aime ses parens.
  Par nos chants d'amour, etc.

Faisant trêve à ses travaux utiles,
Le laboureur, cherchant son vieux vin,
Partageant l'alégresse des villes,
Prend son verre, et dit à son voisin :
  Par nos chants d'amour, etc.

Quand le feu dévasta son village,
Cet indigent qui vit leur bonté
Relever son toit et son courage,
Comme il va s'écrier transporté :
  Par nos chants d'amour, etc.

De Paris la bruyante musique
Où nul son cette fois n'est discord,
Et du hameau le crin-crin rustique,
Aujourd'hui tout répète d'accord :
  Par nos chants d'amour, etc.

L'écolier qu'on amène en vacances,
De lauriers et de prix tout chargé,
Pour partager nos réjouissances,
A ses travaux a donné congé.

  Par nos chants d'amour, etc.

Quel refrein entend-on chez nos belles,
Sous les lambris et sous les ormeaux,
Dans les rangs de nos guerriers fidèles,
Et sur le tillac de nos vaisseaux?

  Par nos chants d'amour, etc.

Du vieillard en vain la voix chevrote,
Son fils en vain boit un coup de plus,
Pas un cœur ne manquera la note,
Lorsque tous répètent en chorus :
  Par nos chants d'amour
   Fêtons ce jour,
    De l'année
   Époque fortunée.
Vivent dans nos cœurs, dans nos discours,
Le Roi long-tems, les Bourbons toujours!

      M. Ourry,
  Convive du Caveau Moderne.

DE PAR LE ROI!

Air : *Non, non, point de pardon.*

Gai, gai! de par le Roi!
Il faut qu'on danse
Et qu'on fasse bombance,
Gai, gai! de par le Roi !
Cet ordre là ne peut causer d'effroi.

    Lui donner des fleurs
    De toutes couleurs,
    N'est rien en ce jour
    Pour autant d'amour.
    En place de fleurs,
    Offrons lui nos cœurs....
    Vive Dieu ! c'est bien
    Lui rendre son bien.

Gai, gai! de par le Roi, etc.

    Cent auteurs divers
    Lui feront des vers,

Sans doute ennuyeux,
Mais nous, plus joyeux,
Vidant nos flacons,
Rions et trinquons,
Tous à l'unisson
Chantons la chanson !

Gai, gai, de par le Roi ! etc.

Un joyeux couplet
A ce bon Roi plaît,
S'il n'eût jamais ri,
Tiendrait-il d'Henri ?
Il a sa gaîté,
Il a sa bonté ;
Maint trait nous apprit
Qu'il a son esprit.

Gai, gai ! de par le Roi !

Je vais trait pour trait
Finir son portrait :
Louis sur les arts
Tourne ses regards ;
Il donne aux guerrier
Le prix des lauriers,

Et patrie, honneur
Sont mis sur leur cœur.

Gai, gai! de par le Roi! etc.

Sans payer l'octroi,
Le vin pour le Roi
Coule à flots pressés,
Poussés, repoussés.
Le ventre élargi,
Et le front rougi,
Un joyeux luron
Nous dit : Je suis rond!

Gai, gai! de par le Roi! etc.

Au son du crin-crin,
Sur l'air d'un refrain,
Rose et son amant
Sautent joliment.
Pourrait-on oser
Vous prendre un baiser?....
— Pour l'amour du Roi
Prends en deux, ma foi.

Gai, gai! de par le Roi!

Voilà donc huit fois,
Qu'au meilleur des Rois,
Les Français heureux
Adressent leurs vœux !
Puisse-t-il encor,
Plus vieux que Nestor,
Nous entendre en chœur
Chanter de bon cœur :
Gai, gai ! de par le Roi ! etc.

De notre Berri
Qui nous fut ravi,
Rejetton chéri,
Grandis, jeune Henri !
Un jour, sans effroi,
Deviens notre Roi,
Les Français heureux
T'aimeront pour deux.
Gai, gai ! de par le Roi !
Il faut qu'on danse,
Et qu'on fasse bombance,
Gai, gai ! de par le Roi !
Cet ordre-là ne peut causer d'effroi.

M. J.-A. Jacquelin, *Convive et Secrétaire du Caveau Moderne.*

LA MANIÈRE DE FÊTER LE ROI.

Air : *Voilà la manière de vivre cent ans.*

Du Roi c'est la fête,
Allons, des couplets !
Ah ! ma muse est prête,
Je suis bon français.
Oui, du Béarnais
Voir en Louis le caractère ;
Heureux de la paix
Chérir son règne salutaire,
Ou sous sa bannière
Mourir sans effroi,
Voilà la manière
De fêter le Roi !

Faire du ménage
Le temple des mœurs,
Et du mariage
Un lien de fleurs.
Vivre en bonnes gens,
Être époux fidèle et bon père,

Rendre à ses enfans
L'antique honneur héréditaire;
Toujours pour barrière
Leur montrer la loi,
Voilà la manière
De fêter le Roi!

Contens du Monarque
Qui nous sert d'appui,
Pour mener sa barque
Fions-nous à lui;
Comme nos aïeux
Conduisant Bacchus à Cythère,
Près de deux beaux yeux
Chantons, buvons sur la fougère:
Oui, chanson légère,
Vin de bon aloi,
Voilà la manière
De fêter le Roi!

Au savoir, en France,
Montrer son respect;
Et de l'ignorance
Éviter l'aspect.

D'un illustre sang
Honorer les races guerrières;
Mettre au premier rang
Et les beaux arts et les lumières;
Charmer sa carrière
Par leur noble emploi,
Voilà la manière
De fêter le Roi !

Sous le diadème
Du Fils de Henri,
Voir de Dieu lui-même
L'Envoyé chéri.
Du Fils de Berri,
Aimer et consoler la Mère,
N'avoir qu'un seul cri :
Ah ! que toujours ce Lys prospère !
Dans la France entière
Point de désarroi,
Voilà la manière
De fêter le Roi !

M. J.-A. Jacquelin, *Convive*
Secrétaire du Caveau Moderne.

Air : *Nous n'avons qu'un tems à vivre.*

Chœur.

Amis, quel beau jour s'apprête,
Pour Louis et ses sujets,
D'un Bourbon toujours la Fête,
Fut la Fête des Français.

Souriant à l'alégresse
De notre élan vif et pur,
Le ciel double notre ivresse,
Par l'éclat de son azur.

Amis, quel beau jour s'apprête, etc.

Peuple, soldats, tout s'enflamme,
Au nom du meilleur des Rois,
Pour l'aimer on n'a qu'une ame,
Pour le chanter, qu'une voix.

Amis, quel beau jour s'apprête, etc

Son cœur jamais ne sommeille,
Et d'Henri vivant portrait,
Il fait le bien, quand il veille,
S'il dort, il rêve un bienfait.

Amis, quel beau jour s'apprête,

Ne pouvant courir lui-même
Au secours des malheureux,
Avec quelle ardeur extrême,
Son cœur vole au-devant d'eux !

Amis, quel beau jour s'apprête, etc.

Le coupable obtient sa grâce
De la main qu'il offensa,
Et l'heureuse mère embrasse
Son fils qui lui restera.

Amis, quel beau jour s'apprête, etc.!

Avec nous d'intelligence,
Le Ciel à ce Roi chéri
Donna son bouquet d'avance,
En lui donnant notre Henri.

Amis, quel beau jour s'apprête
Pour Louis et ses sujets!
D'un Bourbon toujours la fête
Fut la fête des Français.

Désaugiers et Gentil.

Air : *En avant, Fanfan la Tulipe !*

Quand le mois d'août vient nous rendre
C'te fêt' si chère à not' cœur,
L' plaisir ne s' fait pas attendre ;
Partout même vœu, même ardeur,
Viv' Louis ! partout s' fait entendre,
Ce nom-là nous porte bonheur.
    Tous les bons Français,
      Gais, satisfaits,
        Réunis,
        Font d' Paris
          Un' guinguette ;
    C'est à qui boira
        Larirette ;
    C'est à qui chant'ra
        Larira.

V'là donc la première année
Où notre petit Henri
De c'te fête fortunée
Voit briller l' jour favori ;
Qu' nos transports d' la mêm' destinée
Soit pour lui l' présage chéri.
    Imitant toujours
      L's auteurs de ses jours,
        Il verra

  Que ce s'ra,
   L' jour d' sa fête,
 A qui l' fleurira
   Larirette,
 A qui l' bénira
   Larira.

Drès qu'un' fois il s'ra dans l'âge
De défendre son pays,
Par sa force et son courage
Il f'ra ben voir aux enn'mis
Qu'il n'a pas volé l'héritage
D'Henri-Quatre et de Saint Louis ;
 Où l' danger l' men'ra
 L' soldat l' suivra,
  Et ce s'ra,
   Sûr déjà
   D' la conquête,
  A qui combattra,
   Larirette,
  A qui triomph'ra,
   Larira.

Voyez donc comm' c'est bon signe,
L' ciel jaloux autant qu'heureux
D'éclairer un jour si digne
D' nos transports et de nos vœux,

Pour mieux faire mûrir la vigne,
Lance sur elle tous ses feux;
  Et malgré l'ardeur
  De c'te chaleur,
    Chaqu' malin,
    T'nant la main
    D' sa grisette;
  C'est à qui dans'ra.
    Larirette,
  C'est à qui saut'ra,
    Larira.

Tant qu'un Bourbon sur la France
Règnera comme aujourd'hui,
Les arts, la paix, l'abondance
Y règneront avec lui;
Et l' plaisir, la gaîté, la danse
En chass'ront la peine et l'ennui;
  Le bouchon saut'ra,
  Le vin coulera,
    Preuve d' ça,
    C'est qu' déjà
    J' suis pompette;
  Et qu'aujourd'hui da
    Larirette,
  Tout' la France le s'ra
    Larira.

DÉSAUGIERS ET GENTIL.

RONDE

D'UN HABITANT

DU FAUBOURG SAINT-ANTOINE

Air : *C'est l'amour, l'amour, l'amour !*

C'est le Roi, le Roi, le Roi
Qui fait l' bonheur de la France ;
   V'là pourquoi
   J'aim' sa puissance,
     Moi,
   Vive le Roi !.....

Depuis ce grand jour mémorable,
Où c' qu'il apporta, l's yeux en pleurs,
L'arbre de Paix, si désirable,
Dont les racin's sont dans nos cœurs,
  A tout c' qui l'environne,
  Chaqu' jour tendant les bras,
  En bon pèr', qui pardonne
  A des enfans ingrats ?

C'est le Roi, etc.

Qui rend l'industrie a nos villes,
La joie exilée à nos champs?
Qui nous rendra les jours tranquilles
Que l'on goûtait au bon vieux tems?
    Qui soulag' l'indigence;
    Qui reçoit chaque jour,
    Pour sa just' récompense,
    Des preuves d' notre amour?

  C'est le Roi, etc.

Pour not' bien, qui voulut permettre
L' commerce d' Paris au Japon,
Afin qu' chacun de nous pût mettre
La poule au pot,... ou le chapon?
    Qui rendit aux familles
    La Paix dont j' jouissons?
    Pour fair' sauter nos filles,
    Qui nous laiss' nos garçons?

  C'est le Roi, etc.

Si queuq' *trainard*, qu' la hain' dévore,
En câlin veut m' prendr' dans ses lacs;
Si la trahison veille encore,
La fidélité ne dort pas;
    Et j' li crie, à tout rompre,

(D'ma cann' montrant l'emploi):
Au lieur de me corrompre,
Faut chanté z'avec moi :

C'est le Roi, etc.

Si l' Tems, de son ravag' préservé
D'ARTOIS, c' bon Prince si chéri,
Pour not' bien, encor, s'il conserve
Le digne Frère de BERRI ;
　Si d' l'ENFANT DU MIRACLE
　　Dieu protége les jours,
　Je n' vois aucun obstacle
　　Pour qu'on n' chant' pas toujours ;

C'est le Roi, le Roi, le Roi
Qui fait l' bonheur de la France ;
　　V'là pourquoi
　　　J'aim' sa puissance,
　　　　Moi,
　　　Vive le Roi !......

Ecrit sous la dictée de l'Auteur,
par C.....E.

LA FÊTE DU ROI.

Air : *C'est l'Amour*, etc.

C'est Louis, Louis, Louis
    Qu'on fête,
  Et ma muse est prête ;
C'est Louis, Louis, Louis
  Pour lui soyons unis.
Loin du Trône et loin de la France,
Au sein des plus affreux déserts,
Par son courage et sa constance,
Qui sut étonner l'univers ?
  Ne craignant pour sa vie
  Ni complots, ni péril,
  Qui fut pour la Patrie
  Le héros de l'exil ?
  C'est Louis, Louis, Louis etc.

Des Rois, lorsque la ligue unie
Faisait craindre un joug oppresseur,
Entre l'Europe et sa Patrie
Qui se montra médiateur ;
  Digne Roi, tendre père,
  Qui vint chez les Français
  Faire cesser la guerre
  Et commander la paix ?
  C'est Louis, Louis, Louis, etc.

D'accord avec son Antigone,
De l'infortune prenant soin,

Qui semble monter sur le Trône
Pour la découvrir de plus loin ;
  Qui sait dans sa clémence
  Ouvrir avec grandeur
  Sa bourse à l'indigence
  Et ses bras à l'erreur ?
  C'est Louis, Louis, Louis, etc.

Condamnant des disputes vaines,
Tristes sources de leurs regrets,
Qui nous dit d'abjurer nos haines,
Et qui crie à tous les Français :
  Soyez, soyez sans cesse
  Unis pour mon bonheur ;
  Songez que ma tendresse
  Vous unit dans mon cœur ?
  C'est Louis, Louis, Louis, etc.

Qui fait aujourd'hui dans la France,
Soumettant chacun à sa loi,
Redire à la reconnaissance
Le doux cri de Vive le Roi !
  Qui fait tourner les têtes,
  Entonner les flons-flons,
  Trémousser les fillettes
  Et sauter les bouchons ?
  C'est Louis, Louis, Louis
    Qu'on fête,
  Et ma muse est prête ;
  C'est Louis, Louis, Louis,
    Pour lui soyons unis.

A. DE C.

RONDE POPULAIRE.

Air : *Des Travaux de la Vendange,*
ou *Clic et Clac et va qui roule* (du Coin de Rue.)

Chœur.

A la Fête, il faut nous rendre,
C'est un plaisir de bon aloi ;
On n'se fait jamais attendre
Quand il faut fêter un bon Roi.

Une Dame de la Halle.

Messager' de la capitale,
Je lui dirons : Sire, entre nous,
Je l'jurons, foi d'dam' de la halle,
N'y a pas d'Louis qu'j'aimons mieux que vous.
    Chœur. (A la Fête, etc.)

Un Cultivateur.

Grâce au Roi la paix règne en France,
Joyeux, je labourons nos champs ;
Grâce à lui j'ons la jouissance,
D'conserver près d'nous nos enfans.
    Chœur. (A la Fête, etc.)

Une jeune Fille.

Grand Roi, l'on vous doit l'abondance,
Dont jouit notre heureux pays ;
Des fill' vous êt' la providence,
Grâce à vous ell's ont des maris.
    Chœur. (A la Fête, etc.)

Un Fort.

D'la Saint Louis, les anniversaires,
Voy't naître d'abondans secours ;
On voit aussi d'gentill' rosières.....
Çà n'se rencont' pas tous les jours.
    Chœur. (A la Fête, etc.)

Un Invalide.

Pendant trente ans j'ai fait la guerre,
Maintenant je suis au repos ;
Mais je r'deviendrais militaire,
S'il fallait défend' nos drapeaux.
   Chœur. (A la Fête, etc.)

Un vieux Poète.

Rimant par fois malgré Minerve,
Je fais des vers dont on se rit ;
Mais je me sens toujours en verve
Pour chanter un Roi qu'on chérit.
   Chœur. (A la Fête, etc.)

Un Tambour

Au concert, j' vais faire ma partie,
Trombonne, trompette et tambour,
Peindront, par un' douce harmonie,
Et nos transports et notre amour.
   Chœur. (A la Fête, etc.)

Un Bourgeois.

Dans ce beau jour qui nous enflamme,
On boira, chantera, dans'ra ;
Plus tard, on embrass'ra sa femme...
On n'sait pas c' qu'il en résult'ra.
   Chœur. (A la Fête, etc.)

Un Malin.

Sans crainte qu'on me trait' d'ivrogne
Aujourd'hui pas d'eau dans not' vin ;
Buvons purs Bordeaux et Bourgogne,
A la santé d' not' souverain.
   Chœur.
A la Fête il faut nous rendre, etc.

www.ingramcontent.com/pod-product-compliance
Lightning Source LLC
Chambersburg PA
CBHW060718050426
42451CB00010B/1508